DESCUBRE TU MUNDO

EL MUNDO DE LAS PLANTAS

FRANCESCA BAINES

STAMPLEY

Cómo usar este libro

Referencias cruzadas
Busca las páginas que se citan en la parte superior de las páginas de la izquierda para saber más de cada tema.

Haz la prueba
Estas burbujas te permiten poner en práctica algunas de las ideas de este libro. Así podrás comprobar si esas ideas funcionan.

Rincón bilingüe
Aquí encontrarás las palabras clave de cada tema, así como frases y preguntas relacionadas con el mismo. ¿Puedes contestar las preguntas? Verás también las **palabras clave en inglés**, junto con su **pronunciación inglesa**. Practica en inglés las palabras que aparecen en negrita dentro de las frases y preguntas.

Curiosidades
En este apartado encontrarás datos de interés sobre otros asuntos relacionados con el tema.

Glosario
Las palabras de difícil significado se explican en el glosario que encontrarás al final del libro. Estas palabras aparecen en negritas a lo largo de todo el texto.

Índice
Al final del libro encontrarás el índice, que relaciona por orden alfabético la mayoría de las palabras que aparecen en el texto. Localiza en el índice la palabra de tu interés y ¡verás en qué página aparece la palabra!

Contenido

Toda clase de plantas

Un alto roble, un cactus espinoso y una delicada margarita, aunque muy diferentes entre sí, tienen algo en común: son plantas. Éstas, en su mayoría, constan de **tallo**, **raíces**, hojas y flores, que contribuyen a que la planta crezca y se reproduzca.

La clave de la vida

No podríamos vivir sin las plantas. Nos sirven de alimento y con ellas fabricamos objetos útiles, como muebles y medicinas. El papel de este libro alguna vez formó parte de un árbol. Más importante aún, las plantas producen oxígeno, un gas componente del aire que respiramos y, sin el cual, moriríamos.

▲ Las plantas nos procuran una variedad asombrosa de frutas y verduras. Además, consumimos también sus **semillas**, hojas, flores e, incluso, su corteza.

Hay plantas en todas partes

Las plantas crecen en todos los rincones del mundo y la luz solar y el agua son esenciales para su existencia. Una y otra escasean en algunos lugares. En los áridos y ardientes desiertos, a veces llueve una vez al año, y las plantas subsisten almacenando el agua. En la selva tropical, aunque abunda el agua, escasea la luz; así, las plantas hallan la manera de llegar hasta ella.

◄ Los animales dependen también de las plantas. Las jirafas usan su largo cuello para llegar a las hojas altas.

▲ Hay plantas en lugares fríos, cálidos, húmedos o ventosos. Las de aquí crecen en una fría colina.

Rincón Bilingüe

colina · hill · *jil*
común · common · *cómon*
jirafa · giraffe · *lliráf*
objeto · object · *óbllect*
oxígeno · oxygen · *óxillen*
plantas · plants · *plants*
variedad · variety · *varáieti*

¿Podríamos vivir sin las **plantas**?
Las **plantas** producen **oxígeno**.
¿Qué comen las **jirafas**?

véase: Flores, pág. 12; Bosques, pág. 16

Semillas

De una planta, la **semilla** es la parte de donde crecen nuevas plantas y de ellas hay diversidad de formas y tamaños. Una **semilla** del tamaño de una uña llega a convertirse en un altísimo árbol. Las castañas, las pepitas, los chícharos, las nueces y los granos de arroz son **semillas**. Algunas son microscópicas.

La siembra

Para que las **semillas** germinen, deben esparcirse sobre la tierra, lo cual ocurre de muchas maneras. Las del diente de león poseen pelillos que actúan como paracaídas para que el viento las transporte. Otras tienen garfios o espinas que se adhieren al pelo de los animales, desplazándose con ellos.

▲ Cuando las **semillas** del algodoncillo maduran, la vaina estalla, arrojando a las semillas como proyectiles al aire.

▼ Así crece y florece la **semilla** de girasol. ¿Por qué no plantas tú también **semillas**?

*Planta la **semilla** en primavera, en un lugar asoleado y a 1 cm de profundidad. Riégala a diario.*

*El alimento del suelo hace que la **semilla** germine y no tarden en brotar hojas sobre la tierra.*

En verano, la planta comienza a florecer. Recuerda que debes regarla.

En el centro de la flor hay cientos de **semillas**.

Los pájaros comen parte de las **semillas**.

El **tallo** gira para que la flor mire al sol.

El girasol llega a medir hasta 4 m. Cuando la flor muera, recoge sus **semillas** y siémbralas en primavera.

HAZ LA PRUEBA

Comprueba cómo se adhieren las briznas al cuero y a la ropa. En un día seco, calza un calcetín grueso, viejo, sobre uno de tus zapatos y camina en el bosque. Verás cuántas **semillas** hay en las briznas adheridas a aquél.

Protección con sabor

El fruto es una cápsula que encierra **semillas**. Los frutos son carnosos y jugosos, y su sabor, agradable para que los animales los coman y diseminen las **semillas** mezcladas con las heces. Si las **semillas** no están listas para germinar, el fruto es amargo y los animales no lo comen. Si están listas, el fruto es dulce.

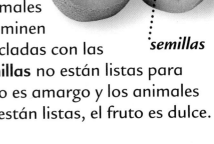

semillas

Rincón Bilingüe

cápsula · capsule · *cápsiul*
girasol · sunflower · *son fláuer*
paracaídas · parachute · *párachut*
proyectiles · proyectiles · *proyéctails*
tamaño · size · *sáiz*
uña · fingernail · *fínguer néil*
vaina · pod · *pod*

Un **girasol** puede medir hasta cuatro metros.
¿Para qué sirven las **semillas**?
¿Qué función tienen los **frutos**?

véase: Desierto, pág. 22; Plantas acuáticas, pág. 24; Plantas alimenticias, pág. 26

Raíces y tallos

Las **raíces**, hojas y flores de una planta se hallan unidas por el **tallo**. Los **nutrientes** y el agua suben y bajan por éste para llegar a todas las partes de la planta. El **tallo** crece hacia arriba buscando la luz, y las **raíces**, en la base del **tallo**, se hunden en la tierra en busca de **nutrientes** y agua.

Las partes de una planta

Aunque pueden ser muy diferentes, todas las plantas tienen las mismas partes básicas.

De las yemas del tallo crecen hojas y flores.

*Los **tallos** se engrosan cuando la planta crece.*

*Las **raíces** sujetan con firmeza a la planta en la tierra.*

Con firmeza

Las **raíces** sostienen a la planta. En las zonas montañosas frías, soplan fuertes vientos y el terreno es rocoso. El viento no se lleva a las plantas porque sus **raíces** se adhieren a las grietas de las rocas, fijando en ellas su morada.

◀ En las grietas de una pared, las **raíces** se adhieren a los resquicios y sujetan a la planta.

Distintos grosores

El grosor de un **tallo** depende del número de hojas y ramas de la planta. En un árbol, el **tallo** es el tronco, que debe ser lo bastante fuerte para sostener las ramas llenas de hojas y, a veces, de frutos. Los **tallos** de las plantas pequeñas son delgados y se comban o quiebran con el viento o cuando los animales las aplastan con sus patas.

▶ El baobab crece en zonas áridas. Cuando llueve, almacena el agua en el tronco para hacer frente a los largos meses de sequía.

CURIOSIDADES

La vid ha encontrado otra forma de sostener sus hojas y flores. Sus **tallos**, al crecer, se enredan y entretejen en rejas o en otras plantas, y las usan como soporte.

Rincón Bilingüe

grieta · crack · *crac*
nutriente · nutrient · *nútrient*
partes · parts · *parts*
raíces · roots · *ruts*
tierra · soil · *sóil*
vid · grapevine · *gréip váin*
yemas · bud · *bod*

¿Para qué sirven las **raíces**?
Nombra cuatro **partes** de una planta.
¿Qué son las **yemas**?

9

véase: Árboles, pág. 14; Bosques, pág. 16

Hojas

Las **raíces** fijan la planta al suelo; así, a diferencia de otros seres vivos, no puede desplazarse en busca de alimento. Una parte de él lo absorben las **raíces** y el resto lo fabrican las hojas, que, al absorber la luz, obtienen la **energía** para fabricarlo.

Elaboración del alimento

Las hojas son la fábrica de alimento de la planta. Usan la **energía** solar para mezclar el agua del suelo y un gas que se halla en el aire: dióxido de carbono. Este proceso se llama fotosíntesis y sirve para fabricar el alimento que la planta necesita para crecer.

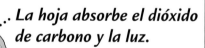

*...**La hoja absorbe el dióxido de carbono y la luz.***

*El agua sube por el **tallo** hasta la hoja.*

Viento y agua

Las hojas ayudan a la planta a resistir condiciones adversas; en zonas áridas, son gruesas o de bordes replegados hacia arriba para retener el agua de lluvia. En regiones húmedas y cálidas, poseen una sustancia impermeable para que el agua resbale y la planta no se pudra. Donde los vientos son fuertes, las hojas son plumosas; así, el viento al soplar no las destroza.

◀ Muchos animales se alimentan de hojas. El panda gigante come a diario 40 kg de hojas de bambú y de **brotes**.

HAZ LA PRUEBA

Cuando las plantas fabrican su alimento, las hojas exhalan humedad. Cubre una planta con una bolsa de plástico. Pronto verás gotas de agua que resbalan dentro de la bolsa.

Helechos y frondes

Las hojas o frondes de los helechos son pequeñas y finas y crecen de **brotes** enrollados. Los helechos no tienen flores y tampoco se reproducen por **semillas**, sino por **esporas**, que suelen hallarse debajo de las frondes. Las **esporas** son tan pequeñas y ligeras que son transportadas a otros suelos por un leve soplo de viento.

◀ Los helechos crecen a ras del suelo, en sitios húmedos y sombríos.

Rincón Bilingüe

espora · spore · *spor*
fronde · frond · *frond*
gota · drop · *drop*
dióxido de carbono · carbon dioxide · *cárbon dái-óxaid*
fotosíntesis · photosynthesis · *foto-sínzesis*

helecho · fern · *fern*
lugar · place · *pléis*
panda · panda · *panda*

¿Cómo actúa la **fotosíntesis**?
¿Qué comen los **pandas**?

11

véase: Semillas, pág 6; Bosque tropical, pág 18

Flores

La flor es, por lo general, la parte más colorida de la planta y suele exhalar un olor agradable. Una flor comienza a producir **semillas** cuando unos gránulos, el **polen**, pasan de una flor a otra. A esto se le llama **polinización** y los insectos ayudan a que ésta se lleve a cabo.

Polinización

Los insectos se alimentan del **néctar**, líquido azucarado que segregan las flores. Cuando el insecto se posa en la flor, su cuerpo se impregna de **polen**; al pasar el insecto a otra flor, el **polen** adherido a su cuerpo cae al **estigma** de ésta, lo cual permite que la flor comienze a fabricar **semillas**.

▶ Hay miles de flores de todas las formas y colores, pero su manera de producir **semillas** es la misma.

*De los **brotes** de una planta salen las hojas y las flores. Este brote, al abrirse, será una primavera.*

*El **polen** se forma en el extremo de unos pequeños filamentos llamados **estambres**.*

*Granos de **polen** de otra planta caen en el **estigma**.*

CURIOSIDADES

Todo el mundo gusta del aroma y colores de las flores. Éstas se ofrecen como regalo y se usan como adorno personal en las celebraciones.

Las abejas son importantes polinizadores; en un día, se posan en cientos de flores, como las amapolas.

La ayuda del viento

Las flores polinizadas por insectos, para atraerlos, poseen vistosos colores y aroma penetrante. Las hierbas, en cambio, no precisan de color ni aroma, pues, para su **polinización** se valen del viento. El **polen** es tan liviano que es trasladado por el viento a gran distancia, cayendo una parte de él en el **estigma** de las flores de otras hierbas.

*Las flores polinizadas por el viento, como las de las hierbas, no tienen pétalos. El viento traslada el **polen** de una a otra. ....*

Rincón Bilingüe

colorida · colorful · *cólor-ful*
estambre · stamen · *stéimen*
estigma · stigma · *stigma*
filamento · filament · *fílament*
insectos · insects · *ínsects*
néctar · nectar · *nectar*
polen · pollen · *polen*

¿Cuál es la parte más **colorida** de una planta?
¿Cómo interactúan los **insectos** y las flores?
El **néctar** es un líquido dulce.

Los insectos se alimentan en ciertas partes de la flor de la salvia. ....

Los insectos se posan sobre las margaritas abiertas.

véase: Bosques, pág. 16; Plantas útiles, pág. 28

Árboles

Los árboles son las plantas de mayor tamaño. Sus fuertes raíces los fijan al suelo y su grueso tronco de madera hace que se eleven sobre las demás plantas en busca de luz. Son los seres vivos más longevos de la Tierra. Los más viejos tienen más de 5,000 años de antigüedad.

Almacén de alimento

Un líquido, la **savia**, fluye dentro del tronco del árbol. Ésta contiene nutrientes, absorbidos por las raíces, y alimentos fabricados en las hojas, y se halla protegida por la capa de corteza que rodea al tronco.

▲ Las secoyas gigantes son los árboles más grandes del mundo. Llegan a medir tanto como un edificio de 12 pisos.

▲ Muchos frutos que consumimos, como las naranjas, crecen en los árboles.

La caída de la hoja

Hay dos tipos de árboles: **de hoja caduca** y **de hoja perenne**. Cada otoño, el **de hoja caduca** pierde todas sus hojas y en primavera vuelven a crecer. El árbol **de hoja perenne** pierde un pequeño número de hojas al día. A la vez, le crecen hojas nuevas y el árbol siempre se ve verde.

CURIOSIDADES

Puedes saber la edad de un árbol muerto si cuentas en el tocón el número de anillos. Cada anillo equivale a un año de la vida del árbol. Un anillo grueso significa que el árbol creció mucho en ese año.

▲ Las coníferas son
árboles fuertes, **de hoja
perenne**, que resisten el
frío y el hielo.

Rincón Bilingüe

conífera · conifers · *cónifers*
corteza · bark · *bark*
de hoja caduca · deciduous · *décidius*
de hoja perenne · evergreen · *éver-grín*
los más viejos · oldest · *óuldest*
savia · sap · *sap*
tronco · trunk · *tronk*

¿Hay árboles **de hoja caduca** cerca de tu casa?
¿Cuántos años tienen los árboles **más viejos**?
¿Qué función tiene la **savia**?

véase: Árboles, pág. 14

Bosques

Las grandes regiones pobladas de árboles y otras plantas forman los bosques y selvas. En zonas como el norte de Europa y norte de América, en que el clima cambia de verano caluroso a invierno frío, la vegetación de los bosques tiene que adaptarse al cambio de estaciones.

▼ Así crece un árbol **de hoja caduca** durante un año. Observa cómo el árbol y las plantas a su alrededor cambian con cada estación.

CURIOSIDADES

En época de Navidad, en muchas partes del mundo, la gente decora con luces y otros adornos un árbol de hoja perenne, por lo general un abeto, en el interior de las casas y se reúne en familia a su alrededor. El origen de la tradición se cree que proviene de Alemania.

En primavera, las hojas del árbol están creciendo. La luz llega a las plantas del suelo y éstas florecen.

En verano, las hojas han crecido. Bajo la sombra del árbol crecen pocas plantas porque la luz es escasa.

En otoño, hace frío y hay menos luz solar. El árbol deja de crecer y se despoja de sus hojas para ahorrar energía.

16

La fauna de los bosques

En los bosques viven muchos animales cuyo alimento son hojas y **semillas**. Éstas se protegen para evitar que los animales las coman antes de que maduren. Las **semillas** del castaño de Indias se hallan dentro de un fruto espinoso hasta que están listas para germinar.

Comida perdida

Las ardillas son beneficiosas porque entierran frutos secos para el invierno. A menudo olvidan dónde los enterraron, y ¡las **semillas** germinan y se convierten en árboles!

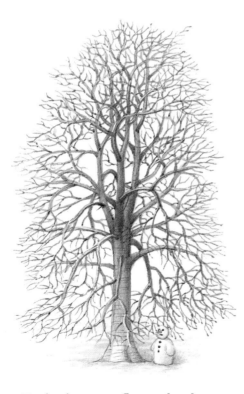

En invierno, afloran los brotes. De éstos crecerán nuevas hojas y flores cuando llegue la primavera.

▲ En otoño, las hojas muertas se pudren, enriqueciendo el suelo. De él se alimentan plantas, gusanos e insectos.

Rincón Bilingüe

bosques · forests · *fórests*
cada · each · *ich*
fauna · fauna · *fóna*
gusano · worm · *uérm*
estaciones · seasons · *sísons*

invierno · winter · *uínter*
otoño · fall · *fol*
primavera · spring · *spring*
verano · summer · *sómer*

¿Por qué son útiles las ardillas en los **bosques**?
¿Cuáles son las cuatro **estaciones** del año?

véase: Hojas, pág. 10; Flores, pág. 12

Bosque tropical

El bosque tropical o selva es una zona cálida y húmeda densamente poblada de altos árboles, frondosas plantas y coloridos frutos y flores. Son tantas las plantas, que es difícil que tengan espacio y luz solar. Crecen con rapidez debido al calor y la abundante lluvia.

Tres niveles

La selva puede compararse a un edificio de tres pisos, cada uno con un tipo diferente de plantas y animales. El nivel inferior o suelo es oscuro y húmedo y en él crecen **musgos** y helechos. En el nivel medio, las plantas poseen grandes hojas con objeto de recoger la mayor cantidad posible de luz. En el nivel superior o pabellón viven muchos animales que comen hojas, flores, frutos y **semillas**.

▲ Los pájaros chupan el **néctar** de las heliconias, al tiempo que polinizan la flor.

▼ Las hormigas cortahojas viven en la selva. Cortan hojas en el pabellón y las llevan a sus nidos bajo tierra.

Las hormigas cortan con sus fuertes mandíbulas las hojas de las plantas.

*La enredadera se adhiere al **tallo** para llegar al pabellón.*

Muchas orquídeas llegan hasta donde viven los animales polinizadores.

▼ En el suelo de este bosque tropical el **musgo** cubre las rocas y los troncos.

CURIOSIDADES

La dragontea gigante es una enorme espina florida. Crece en las selvas de Indonesia. Florece sólo unos días, de modo que su olor es muy penetrante para atraer con rapidez a los insectos que la polinizan.

Rincón Bilingüe

bosque tropical · rain forest · *réinforest*
hormiga · ant · *ant*
húmedo · damp · *damp*
mandíbula · jaw · *yo*
musgo · moss · *mos*
orquídeas · orchids · *órquids*
pabellón · canopy · *cánopi*

El **pabellón** es la parte más alta de la selva.
¿Qué insecto tiene una **mandíbula** fuerte?
El suelo del **bosque tropical** es **húmedo**.

véase: Flores, pág. 12

Pastizal

El pastizal es una gran extensión de tierra donde crece hierba abundante. Ésta es una planta muy resistente que crece de nuevo después de haberla comido los animales. Al contrario de los árboles, las hojas nuevas de hierba crecen en la base de la planta. Los animales comen las hojas altas y crecen otras en la parte inferior.

Humedad y sequía

Los prados son zonas húmedas de hierba donde crece gran variedad de plantas, pues la lluvia es abundante y hay pocos árboles que impidan el paso de la luz. Las **raíces** de estas plantas son muy fuertes y sus **tallos** se doblan fácilmente para resistir a los vientos.

▲ En primavera, este prado de Estados Unidos es una colorida alfombra de flores.

Sabana

El pastizal caluroso y seco constituye la sabana. Ésta abarca grandes regiones en África. Distintas clases de animales herbívoros como las cebras y los ñus pueblan la sabana, la que recorren en busca de **brotes** tiernos de hierba que comen.

◄ En la sabana africana un león se esconde entre la hierba en busca de la **presa**.

Praderas y pampas

Las praderas de Norteamérica y las pampas sudamericanas son pastizales de clima frío. El suelo de la pradera posee abundantes **nutrientes**, de modo que la gente lo aprovecha para cultivo. En las pampas, la hierba mide hasta 3 m de alto: más de lo que miden dos niños, uno encima de otro.

Los vaqueros o gauchos cuidan los rebaños de ganado.

Flores de la pampa, altas y plumosas.

▲ La pampa, de cuya hierba se alimenta el ganado, se extiende por Sudamérica.

Rincón Bilingüe

ganado · cattle · *catl*
herbívoro · herbivore · *hérbivor*
leones · lions · *láions*
pastizal · grassland · *gras-land*
prado · meadow · *médou*
sabana · savanna · *savána*
uno · one · *uán*

¿Quiénes cuidan el **ganado** en América del Sur?
¿Por qué se esconden a veces los **leones**?
¿Qué es la **sabana**?

21

véase: Raíces y tallos, pág. 8

Desierto

Toda planta necesita agua para vivir, pero algunas sobreviven con muy poca agua. En el desierto, donde llueve a veces una vez al año, las plantas han encontrado forma de recoger el agua y almacenarla durante meses. Cuando llueve, muchas plantas del desierto se abren en flor iluminando el paisaje árido y polvoriento.

El sabio cactus

Los cactus son plantas desérticas perfectas. Sus largas **raíces** se extienden justo por debajo de la superficie del suelo para recoger la mayor cantidad de lluvia. Almacenan el agua en sus **tallos** y, con sus agudas espinas se protegen de los animales sedientos.

▶ En los desiertos de California, muchas plantas tienen su morada en las rocas.

Los nopales tienen protuberancias espinosas de color naranja.

Espacio para crecer
Cuando no llueve, el **tallo** del cactus se adelgaza. La ilustración muestra las secciones transversales de un cactus.

*Después de la lluvia, el **tallo** absorbe el agua y se hincha.*

*El cactus ha consumido el agua y el **tallo** se contrae.*

*Las **raíces** del árbol de la yuca penetran profundo en busca de agua.*

Oasis

En partes del desierto hay zonas húmedas, los oasis, donde crece mucha vegetación, especialmente palmeras. Del oasis dependen personas y animales, pues de él obtienen el agua y alimento. El agua brota del subsuelo, después de haberse filtrado desde muy lejos, donde la lluvia es abundante.

◀ Las palmeras dan fruto en este oasis de Argelia, en el norte de África. Sus pobladores toman el agua de un pozo cerca de la casa.

El saguaro es el cactus más alto que existe. Puede ser tan alto como una casa. ....

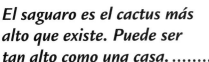

CURIOSIDADES

Animales pequeños horadan la blanda carne del cactus. Los búhos y los pájaros carpinteros suelen hacer sus nidos en él para tener a sus polluelos a la sombra.

Rincón Bilingüe

cactus · cactus · *cáctus*
el más alto · tallest · *tólest*
espinas · spines · *spáins*
lluvia · rain · *réin*
morada · home · *jóum*

oasis · oasis · *oéisis*
pozo · well · *uél*
sombra · shade · *shéid*
subsuelo · subsoil · *sób-sóil*
tallo · stem · *stem*

¿Dónde encontrarías tal vez un **pozo** en el **desierto**?
¿Por qué tiene **espinas** el **cactus**?

véase: Raíces y tallos, pág. 8

Plantas acuáticas

Las plantas también crecen en el agua. Las algas marinas y las pequeñas plantas acuáticas flotan libremente, mientras que otras se adhieren al lecho marino o al lodo del fondo de un estanque o lago. Afloran a la superficie, y sus **raíces** y **tallos** quedan bajo el agua.

▲ Las largas **raíces** del mangle permiten al árbol crecer en el lodo movedizo, a la orilla de los ríos.

▲ Las nutrias marinas duermen en el agua. Se envuelven con las algas del fondo, para no flotar a la deriva.

Plantas sin flor

Las plantas que viven bajo el mar pertenecen al grupo conocido como algas. Éstas no tienen flor y algunas de ellas sólo pueden verse a través de un microscopio. Otras, como el quelpo gigante, son más largas que lo que miden siete camiones en hilera.

CURIOSIDADES

El suelo de las zonas pantanosas contiene pocos **nutrientes**. Algunas de sus plantas se alimentan de insectos. Las hojas de la atrapamoscas tienen púas como dientes en los bordes. Cuando un insecto se posa en ella para chupar el **néctar**, la hoja se cierra, atrapando al insecto.

Bien sujetas

Las **raíces** del nenúfar están adheridas al lodo del fondo de un estanque. El **tallo** crece hasta que las hojas asoman a la superficie, donde absorben la luz del sol para fabricar su alimento. Las hojas del nenúfar del Amazonas son tan fuertes y grandes que pueden sostener a una persona.

Rincón Bilingüe

acuática · aquatic · *acuátic*
estanque · pond · *pond*
mangle · mangrove · *mángrouv*
microscopio · microscope · *máicroscoup*
persona · person · *pérson*
sin flores · flowerless · *fláuerles*
también · also · *ólsou*

¿Por qué comen insectos algunas plantas?
¿Son largas o cortas las raíces del **mangle**?
Nombra una planta **sin flores**.

▲ Los nenúfares cubren rápidamente la superficie de un estanque. Sus hojas impiden el paso de la luz a otras plantas.

véase: Toda clase de plantas, pág. 4; Árboles, pág. 14

Plantas alimenticias

Casi todo lo que comemos o bien es una planta o depende de ellas. El pan, la fruta, el azúcar, el café y el maíz son alimentos que provienen de plantas. El pasto y otras hierbas son alimento de ovejas y vacas que nos dan carne, leche y quesos.

HAZ LA PRUEBA

Haz una lista de lo que comiste ayer. ¿Cuántos vegetales comiste? Trata de averiguar de qué parte del mundo procedían. Repasa con cuidado y recuerda que alimentos como el pan y los espagueti son derivados del trigo.

◀ De las plantas comemos todas sus partes. El apio y el poro son **tallos**; las zanahorias y el nabo, **raíces**; las naranjas y piñas, frutos; las nueces de la India son **semillas**.

poro

...... papa

.... apio

.... cebolla

coco

nueces de la India

nabo

zanahoria

piña ....

plátano

naranja ....

mandarina ....

.... manzana

pepitas de girasol ....

26

▶ En Asia, hay grandes extensiones de arrozales. Para que el arroz crezca, los campos deben inundarse de agua.

Plantas importantes

Las personas en todo el mundo dependemos de tres plantas alimenticias: trigo, arroz y maíz. Son cereales y sus **semillas** se conocen como granos; se muelen para obtener harina, de la que se hacen el pan y los pasteles.

Ayuda para que crezcan

En muchos lugares, hay fruta todo el año. Los agricultores la cultivan en invernaderos con calefacción, y las plantas reciben luz y calor abundantes, como si siempre estuvieran en verano. Así, florecen y producen fruta.

Rincón Bilingüe

apio · celery · *séleri*   **cebolla** · onion · *ónion*
cereales · cereals · *sírials*
granos · grains · *gréins*
harina · flour · *fláur*
pan · bread · *bred*   **papa** · potato · *potéito*
siete · seven · *seven*
trigo · wheat · *juít*

Nombra **siete** plantas que te guste comer.
¿Cómo crece el arroz?
¿Cómo se obtiene la **harina**?

véase: Toda clase de plantas, pág. 4; Árboles, pág. 14

Plantas útiles

De las plantas obtenemos tal cantidad de cosas útiles que es imposible imaginar vivir sin ellas. El papel, el algodón, los perfumes, el jabón, los muebles, son de origen vegetal; ¡incluso el dentífrico debe su sabor a la planta de la menta!

Nos vestimos con plantas
Observa la ropa que llevas puesta. Unas prendas son de algodón, que es una planta. El hule proviene de un árbol. Cuando la corteza del árbol del hule se corta, el tronco segrega hule líquido, del que se fabrican botas y suelas para el calzado. De la paja, que es hierba seca, se fabrican sombreros y tapetes.

▶ Todos estos artículos han sido fabricados de madera, hule, algodón, paja, papel u otros materiales de origen vegetal.

playera

sombrero de paja

silla

guitarra

botas

champú

libro

tapete

marco para fotografías

escalera

escoba

canasta

lápices

bate de béisbol

medicamentos

caja de cartón

cuerda

llanta

periódico

Plantaciones

La madera proviene del tronco de los árboles. Es fuerte y flexible, y la usamos para fabricar desde barcos hasta instrumentos de música. La madera se cultiva en plantaciones. Cuando se talan árboles para obtener madera éstos se renuevan plantando otros nuevos en su lugar.

▼ Este camión transporta troncos de la plantación a la fábrica.

▲ El papel se fabrica de la madera, que se remoja y tritura. Este hombre confecciona vistosos y coloridos papalotes con grandes hojas de papel.

Medicamentos

Durante siglos, el ser humano ha usado las plantas como medicina. Tabletas contra la jaqueca se producían hace tiempo de la corteza del sauce. Se siguen descubriendo plantas curativas que serán nuevos medicamentos en el futuro.

Proteger las plantas

Las zonas de vegetación, de bosques a pastizales, están amenazadas por la construcción de carreteras y casas o por el uso de la tierra para cultivo. Animales y plantas están perdiendo su hábitat. Es necesario proteger las áreas verdes con el fin de que la flora y la fauna no mueran.

Rincón Bilingüe

dentífrico · tooth paste · *tuz-péist*

canasta · basquet · *básquet*　　libro · book · *buk*
cosas · things · *zings*　　　　　papel · paper · *péiper*
diez · ten · *ten*　　　　　　　　perfume · perfume · *pérfium*
jabón · soap · *sóup*　　　　　　zapato · shoe · *shu*

¿De qué se hace el **papel**?
Nombra **diez cosas** que se deriven de plantas.

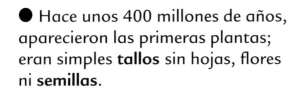

Curiosidades

● Hace unos 400 millones de años, aparecieron las primeras plantas; eran simples **tallos** sin hojas, flores ni **semillas**.

☆ *En 1954, una **semilla** de acónito de 10,000 años de antigüedad fue hallada en Canadá entre el hielo. Ésta se plantó y germinó. Hoy, se almacenan **semillas** congeladas; así, plantas raras podrán cultivarse en el futuro.*

● La **savia** del arce de azúcar ¡es deliciosa! Se recoge y hierve hasta convertirse en un jarabe dulce y pegajoso de sabor exquisito.

☆ *Las flores de la higuera se hallan escondidas dentro del fruto. Una avispa especial vive casi toda su vida dentro del higo y poliniza la flor.*

● La orquídea de las abejas atrae a la abeja macho para que la polinice. ¡Su aspecto es igual al de la abeja hembra!

☆ *La palmera de sombrilla de Sri Lanka florece una sola vez en su vida. Después de florecer, da más de 60 millones de frutos.*

● La **semilla** más grande del mundo es el *coco–de–mer*, que crece en las islas Seychelles. Su aspecto es un poco parecido al de dos cocos unidos y llega a pesar hasta 20 kilogramos.

☆ *La banksia es una planta que crece en Australia en zona de matorrales donde abundan los incendios. Su duro fruto se abre y libera sus **semillas** sólo después de un incendio.*

● En Venezuela, América del Sur, se recoge la **savia** de un tipo de higuera, pues su aspecto y sabor son parecidos a la leche de vaca.

☆ *Más de 900 flores logran sobrevivir en el Ártico. Las temperaturas en invierno son bajas, pero, en verano, la capa superior del suelo se ablanda y crecen las plantas.*

Glosario

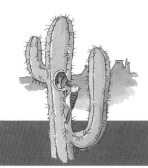

brote Botón que forman en una planta las flores y hojas que van a salir.

de hoja caduca Árbol que pierde todas sus hojas en cada otoño.

de hoja perenne Árbol que conserva sus hojas durante todo el año.

energía Capacidad de realizar algo. Las plantas la usan para fabricar su alimento.

espora Parte de una planta que no tiene flor y que da lugar a otra planta nueva.

estambre Partes de una flor donde se produce el polen.

estigma Parte de la flor que recibe el polen durante la polinización.

musgo Planta suave, verde y enana; crece en el suelo húmedo, en la madera o la piedra.

néctar Líquido dulce que producen las flores; atrae a los insectos.

nutrientes Sustancias que ayudan a plantas y animales a crecer.

polen Fino polvo en el estambre de las plantas y fabricado por ellas.

polinización Se lleva a cabo cuando el polen de una planta llega al estigma de otra, de modo que ésta puede producir semillas.

presa Todo ser vivo que un animal caza para comer.

raíces Partes de la planta que crecen bajo la tierra.

retoño Tallo nuevo que sale en una planta.

savia Líquido acuoso dentro de las plantas.

semilla Parte de la planta de la que crecen otras plantas.

tallo La parte larga central de la planta, donde están las hojas y las flores.

Índice

Editado en 1998 por
C. D. Stampley Enterprises, Inc.
Charlotte, NC, USA
Edición española
© C. D. Stampley Ent., Inc. 1998

Primera edición en inglés por
© Two-Can Publishing Ltd., 1998

Texto: Franciesca Baines
Asesor: Gail Bromley
Arte: Gill Platt, Amelia Rosato,
Teri Gower, Mel Pickering.
Peter Bull

Director editorial: Robert Sved
Director arte: Carole Orbell
Diseñador en jefe: Gareth Dobson
Producción: Adam Wilde
Investigación en fotografía:
Laura Cartwright
Investigación adicional: Inga Phipps

Traducción al español:
María Teresa Sanz

ISBN: 1-58087-010-4

Créditos fotográficos: Cubierta:
Oxford Scientific Films; p4(s): Tony
Stone, (i): Robert Harding; p5: Planet
Earth Pictures; p6: Frank Lane Picture
Agency; p7: Zefa; p8: Bruce Coleman
Ltd; p9: Planet Earth Pictures; p10:
Robert Harding; p11: Tony Stone;
p14(d): Planet Earth Pictures, (i):
Robert Harding; pp15/17: Tony
Stone; p18: Michael & Patricia
Fogden/BBC Natural History Unit;
p19: Robert Harding; p20(s): Tony
Stone, (i): Robert Harding; p23: Tony
Stone; p24(d&i): Bruce Coleman Ltd;
p25: Robert Harding; p27: Tony
Stone; p29(d): Britstock-IFA, (i):
Tony Stone.